AF591001

ALGUNAS REFLEXIONES SOBRE DIOS, EL UNIVERSO Y EL HOMBRE

1ª edición: marzo 2011
1ª edición corregida: abril 2011

Edita: Lulu Enterprises
Raleigh, N.C., U.S.A.
www.lulu.com

ISBN: 978-1-4475-2721-3

ÍNDICE

INTRODUCCIÓN

Tengo la fuerte sensación de que una multitud de indicios empuja a los seres humanos, especialmente a los que se hacen preguntas acerca de la humanidad y el universo, a creer en una Causa Primera. Estos indicios sobre la existencia de Dios son múltiples y convergentes, contribuyen a mostrar que la fe no va en contra de la inteligencia humana, sino que la empuja a reflexionar y la ayuda a comprender mejor muchos de los "porqués" que la realidad cotidiana plantea.

Estas páginas son una colección de intuiciones, reflexiones, ideas y pensamientos que he buscado y reunido acerca de Dios y el universo; en su gran mayoría proceden de pensadores muchísimo más capacitados que yo, por esta razón me he limitado a transcribir fielmente sus palabras. Debo señalar que este conjunto de especulaciones procede de una serie bastante limitada de libros, por lo tanto es un trabajo de aficionado. Sin embargo, he emprendido esta tarea con la idea de intentar dar respuesta, aunque sea parcialmente, a la pregunta de sí es o no es sensato creer en Dios.

Personalmente, yo escojo y apuesto por la opción de creer, numerosos indicios e intuiciones me han llevado a ello.

Granada, abril de 2011.

I. ALGUNAS IDEAS MUY SIMPLES SOBRE DIOS

—"Cuando decimos Dios, nos referimos al Ser Supremo, infinito y trascendente al mundo: el Absoluto" (Messori y Brambilla, 2000: 304).

—"Dios no es una dimensión de nuestra realidad pluridimensional sino que es la dimensión 'infinito' [...] no sólo matemática, sino también real, ese campo de lo inaprensible e inconcebible, esa invisible e inconmensurable realidad de Dios, no es racionalmente demostrable" (Küng, 1994: 17).

—"Kant diría: no tenemos ninguna percepción de Dios, luego podemos pensarle pero no decir nada acerca de su existencia" (Marina, 2002: 119).

—"estamos ante un Dios que, por defender la libertad [...] ha querido que en el mundo [...] haya suficiente luz para creer, y suficiente sombra para dudar" (Messori y Brambilla, 2000: 97).

—"Hay la suficiente luz para los que no desean sino ver, y suficiente oscuridad para los que tienen una disposición contraria" (Pascal, –n. 1623- m. 1662– 1996: 68, # 149).

—"Parece como si [Dios] mantuviera a los hombres en una atmósfera mezclada de sombras y luces. Como dice Pascal: si Dios se estuviera descubriendo continuamente, no existiría el mérito; pero, si Dios no se descubriera nunca, entonces no existiría la fe" (Guitton, –n. 1901-m. 1999–, 2005: 211-212).

—"¿Se han percatado estas criaturas de otros mundos, al igual que nosotros, de la existencia de Dios y de sus intenciones? La pregunta central en realidad es: ¿Tienen el mismo Dios que nosotros?" (Johnson, 1997: 138).

—Es posible que si Dios se ha "escondido" es porque quiera ser buscado (Messori y Tornielli, 2010: 280).

—Por otra parte, "La existencia de Dios no depende de que tú creas en Él" (Johnson, 1997: 251).

—A los que se lamentan del "silencio de Dios", decirles que: "A menudo no es Él quien está mudo, somos nosotros los que estamos sordos" (Messori y Tornielli, 2010: 28-29).

—En lo inexplicable está Dios, más allá de todas las leyes físicas y naturales, más allá de la comprensión humana.

—La realidad de Dios no se capta con los sentidos, sólo se aprehende con el corazón.

—Dios representa la única esperanza de la victoria del bien sobre el mal.

—Luego, Dios es la última esperanza del ser humano.

II. LOS SERES HUMANOS Y DIOS

—"Hay una 'democracia' sobre la que hay que reflexionar también en la historia: si la grandísima mayoría de la humanidad (es más, probablemente su totalidad) ha creído siempre que la muerte física no es el final de todo, ¿no habrá seguido quizá un instinto que deriva de una realidad?" (Messori y Tornielli, 2010: 26).

—"El espíritu expresa una voluntad de *trascendencia* en relación al universo racional" (Trias, 2001: 538).

—"Lo que me sorprende no es que el hombre tenga necesidad de una religión; lo que me asombra es que se crea lo bastante fuerte y tan a cubierto de la desventura que se atreva a rechazar una sola de entre ellas" (Constand –n. 1767-m. 1830–, 1985: 126).

—Víctor Quintanar (el de Anita Ozores, "la Regenta") opina: "Yo no necesito de eso para creer en la Providencia. Me basta con una buena tronada para reconocer que hay un más allá y un Juez Supremo. Al que no le convence un rayo no le convence nada" (Alas, –n. 1852-m. 1901–, 1999: 169).

—Una de las facetas del cerebro humano –como resultado de su larga evolución hacia la humanización– es la de creer en dioses y crear religiones. En la actualidad, los no creyentes intentan, con la ayuda de la ciencia, eliminar esta característica de los seres humanos, con lo cual nos deshumanizarían en buena parte.

—Todos aceptamos el concepto de justicia con grandes letras aunque no reine ni se pueda ver en el mundo, lo mismo puede pensarse respecto a Dios. Es un deber buscar la justicia, igual sucede con Dios.

—Francis Bacon (1561-1626) señaló: "El ateísmo está más en los labios que en el corazón del hombre [...] Un poco de filosofía puede alejar de Dios. Pero un mucho de filosofía lleva de nuevo hasta Él" (Messori y Brambilla, 2000: 226).

—He oído decir que Gilbert K. Chesterton (1874-1936) comentó, en una ocasión, que no habría ateos si Dios no existiera.

—Tarde o temprano, cada ser humano descubre que su final ineludible es ser derrotado. "Por decirlo con el habitual radicalismo de Pascal: Por muy bonita que haya sido la comedia, el último acto termina siempre en tragedia" (Ídem, pág. 68).

—"Cuando se sobrepasan los setenta años, hasta los intelectuales más rabiosamente 'laicos' [...] empiezan a hacer –y a hacerse– preguntas insólitas en ellos [...] [y] cuando llega lo que los españoles llaman la *hora de la verdad*, discretamente, –y a menudo de buena gana– llaman a un sacerdote" (Ídem, pág. 32-33).

—Napoleón (1769-1821), en Santa Elena, pidió que se le enviase un sacerdote y comentó: "¿Por qué os sorprendéis? ¿No sabéis que los valientes desafían todo lo conocido, pero que sólo los imbéciles desafían el Misterio? De algún modo Napoleón también era pascaliano..." (Ídem, pág. 37).

—"En expresión de Alexis de Tocqueville [(1805-1859)...]: El ateísmo es una eventualidad; sólo la religión es el estado permanente de la humanidad" (Ídem, pág. 269).

—Recordemos una de las paradojas de Blaise Pascal: "Prefiero equivocarme creyendo en un Dios que no existe que equivocarme no creyendo en un Dios que existe" (Ídem, pág. 38).

—Los humanos empezaron a imaginar espíritus, dioses, el más allá hace probablemente más de cien mil años –existen sepulturas, con estas fechas, en las que el muerto está enterrado con ajuar y alimentos– y, de pronto, hace dos siglos, los no creyentes comenzaron a pedir pruebas de la existencia de Dios... ¿No sería más lógico que fueran ellos los que aportaran pruebas de la inexistencia de Dios?

III. LAS CULTURAS Y DIOS

—Todas las culturas humanas, a veces tan diferentes unas de otras, son religiosas o tienen sus orígenes en religiones.

—La gran mayoría de las sociedades creen en espíritus, en dioses o en Dios, y esto sucede desde tiempos inmemoriales.

—Las divinidades (o la divinidad) están presentes en las historias de todos los pueblos, y se puede decir que la "presencia" divina está en toda la historia humana.

—"Etienne Gilson (1884-1978) escribió: La increíble capacidad de permanencia de la idea de Dios en la conciencia humana: éste es el núcleo central del problema que no se puede explicar con las categorías acostumbradas" (Messori y Brambilla, 2000: 271).

—Decía Ludwig Wittgenstein (1889-1951): "los hechos del mundo no son, ni nunca serán 'todo lo que hay'. Este convencimiento, mantenido como un núcleo intuitivo por, sospecha uno, la gran mayoría de la humanidad incluso en esta era científica y tecnocrática, es lo que ha engendrado nuestra cultura" (Steiner, 2002: 24-25).

—"el siglo más 'cristiano' de todos, el siglo XIII –ciñéndonos solamente a Italia–, de Dante, Giotto, Francisco de Asís, Tomás de Aquino y Buenaventura; el siglo de aquellos maravillosos 'libros de piedra' que son las catedrales y de la fundación en Bolonia, París, Oxford y otros lugares de las primeras universidades del mundo y de la historia [...] Si a esto conduce la 'alienación' católica, bienvenida sea" (Messori y Brambilla, 2000: 326-327).

—"Aparte del caso límite de Italia, la *Catholica* es, en la historia, la mayor inspiradora y realizadora de arte, y la mayor creadora de bibliotecas y de instituciones culturales en general. Entre otras cosas, la Universidad es un 'invento' suyo y sólo suyo" (Messori y Tornielli, 2010: 343).

—Y al revés, ¿qué quedaría del arte –arquitectura, pintura, escultura, música, etc.– si se eliminaran todas las creaciones de inspiración religiosa? ¡Prácticamente nada!

IV. ALGUNOS ARGUMENTOS DE LOS QUE NO CREEN

—No existen suficientes indicios como para creer en Dios.

—Nadie ha demostrado la existencia de Dios.

—La existencia de Dios sólo podría demostrarse por la experiencia, y esto nadie ha podido hacerlo.

—La religión es el opio del pueblo.

—Creer es, además, una cobardía.

—El creyente vive en el mito y en la mentira.

—Las observaciones y teorías de los científicos se basan, si están justificadas, en el razonamiento lógico. Creer en Dios es ir más allá de la razón e, incluso, es ir contra la razón.

—Dios no es más que un *meme*, es decir, una idea que se transmite y se propaga.

—Los científicos son imparciales, se atienen a la realidad; la ciencia liberará a la humanidad de viejas ideologías y de mitos;

confían en la 'teoría M' que responderá a *todas* las preguntas que nos podamos plantear respecto al universo y todo lo que existe.

—"Nada puede existir sin una causa [...] 'Todo lo existente tiene una causa', [sin embargo] de ahí no podemos inferir la existencia de un ser incausado" (Marina, 2002: 114-115).

—Dios no es necesario para explicar el universo.

—"En el segundo tipo de modelo [de Alexander Friedmann (1888-1925) para explicar el universo], el que se expande por siempre, el espacio está curvado al contrario [no sobre sí mismo], es decir, como la superficie de una silla de montar. Así, en este caso el espacio es infinito. Finalmente, en el tercer tipo, el que posee la velocidad crítica de expansión, el espacio no está curvado (y, por lo tanto, también es infinito)" (Hawking, 1989: 82).

—"la teoría cuántica de la gravedad ha abierto una nueva posibilidad, en la que no habría ninguna frontera del espacio-tiempo [...] No existiría ninguna singularidad en la que las leyes de la ciencia fallasen y ningún borde del espacio-tiempo en el cual se tuviese que recurrir a Dios o a alguna nueva ley [...] Se podría decir: 'La condición de contorno del universo es que no tiene ninguna frontera'. El universo estaría completamente autocontenido y no se vería afectado por nada que estuviese fuera de él. No sería creado ni destruido. Simplemente SERÍA" (Ídem, pág. 212).

—"si el universo es realmente autocontenido, si no tiene frontera o borde, no tendría principio ni final: simplemente sería. ¿Qué lugar queda, entonces, para un creador?" (Ídem, pág. 218).

—Desde el punto de vista de Hawking y otros científicos, "los sucesos anteriores al *big bang* no pueden tener consecuencias [ya] que el tiempo tiene su principio en el *big bang*" (Ídem, pág. 85).

—Tampoco tiene sentido preguntar dónde está situado el universo, porque también el espacio tuvo su origen en el Big Bang; además, para los que consideran que el universo es infinito, resulta totalmente absurdo plantear tal cuestión.

—Últimamente, los físicos y los matemáticos han llegado a la convicción de que el Big Bang es una consecuencia inevitable de las leyes de la física; el proceso de la creación sería espontáneo en un universo finito.

—La materia, para muchos, "existe por sí misma", "se autocrea y autoevoluciona", "no depende de nada", es ella misma "la que ha creado y organizado la vida y la que crea sin descanso los instrumentos necesarios para que los organismos" evolucionen (Messori y Brambilla, 2000: 274).

—Si todos estos modelos son ciertos, el universo puede ser considerado como un absoluto.

—Sucede por lo tanto, que con cada nueva explicación científica, Dios resulta cada vez más superfluo. Todas las leyes físicas y las constantes de la naturaleza que ya se conocen, más todos los descubrimientos científicos que vendrán, dejan bien poco sitio para un Dios.

—Si todo es fruto del azar y de la necesidad, no es necesario un Dios.

—Con la materia que se organiza a sí misma, con la evolución que se regula a sí misma, Dios no es necesario.

—La selección natural, que "esculpe" la vida, es una ley muy cruel.

—Las religiones han estado implicadas en demasiadas guerras.

—Los tribunales de la Inquisición eliminaron a muchas personas.

—Algunos llegan a decir que si Dios existe, tiene que ser malo.

—Las viejas concepciones humanistas de los seres humanos pertenecen al pasado. Ni Dios ni alma, sólo nos pertenecemos a nosotros mismos, dicen los no creyentes.

—Se pueden mencionar algunos de los doce argumentos de Sebastien Faure (en Marina, 2002: 135-137) contra la existencia de Dios:

a) “La acción de crear es inadmisible [...] Un Dios Creador es contradictorio, porque desea y es perfecto a la vez”.

b) “El espíritu no puede determinar el universo”.

c) “Lo perfecto no puede producir lo imperfecto”.

d) “Si Dios creó al hombre libre, estableció un dominio donde no podía intervenir. Dejó, pues, de ser todopoderoso”.

e) “La multiplicidad de dioses atestigua que no existe ninguno”.

f) “O Dios quiere suprimir el mal y no puede, o puede suprimirlo y no quiere”.

g) “La responsabilidad del mal moral es imputable a Dios, lo mismo que la del mal físico”.

—“y si [Dios] es verdadera y absolutamente soberano sobre todo lo que existe [...] entonces es absolutamente responsable incluso de la libertad del hombre que se inclina por el mal” (Flores d’Arcais, en Ratzinger y Flores d’Arcais, 2008: 103).

—“¿Por qué o Dios o la nada? Si acaso, o Dios o lo finito [...] lo finito puede ser el sentido de sí mismo, es más, puede ser el ámbito donde, exclusivamente, es posible encontrar sentido que no sea ilusión” (Ídem, pág. 119).

—El universo no tiene por qué tener sentido. Que el mundo no tenga sentido, que nuestra existencia sea absurda, que no siempre triunfe la justicia, no son motivos para no vivir una vida plena.

—“ser ateo significa simplemente considerar que todo se juega aquí, en nuestra existencia, finita e incierta” (Ídem, pág. 30).

V. LOS "MODERNOS" Y DIOS

—Richard Dawkins, famoso biólogo para quien los seres vivos no son otra cosa que simples vehículos para transportar genes, como ateo militante ha patrocinado el *autobús ateo* en el que el lema expresa bien a las claras su ideario: "Dios probablemente no existe, deje de preocuparse y disfrute de la vida". Como si los creyentes no disfrutaran de la vida, o como si creer en Dios significara estar preocupado y amargado. ¡Qué ideas tan simples, bobaliconas y tontas tienen algunos respecto de los creyentes!

—"hoy día, en el lugar de la divinidad expulsada se ha instalado y reina el Yo, una nueva divinidad cruel y tiránica, monstruosa hasta lo indecible. Ya no hay Dios –dice el hombre–. Ahora existe el Yo, el egoísmo [...] Y ese Yo disfrazado de Dios, revestido con la túnica sin costura y los andrajos del Dios de quien se ha renegado, proclama sus exigencias, ordena, tiraniza y martiriza como jamás lo hizo ningún Dios" (Meersch –n. 1907-m. 1951–, 2004: 561-562).

—Para muchos, los dioses modernos son: la vida, el mismísimo ser humano, la inteligencia, la ciencia, el azar, la salud, la belleza corporal, la juventud, el dinero, el poder, los placeres...

—Los materialistas, por los logros científicos y técnicos de la humanidad, se han envanecido tanto que han hecho de los humanos –en realidad, a ellos mismos– el centro del universo, han hecho del ser humano un dios. Consideran que el cerebro humano es la máquina perfecta, que no hay nada más allá de lo que aprecian los sentidos y que no hay posibilidad de nada más.

—Los no creyentes modernos se muestran, casi siempre, totalmente dogmáticos en los temas metafísicos; tratan estos asuntos como si fueran físicos.

—¿Por qué muchos no creyentes se bloquean, se irritan tanto ante la idea de Dios? ¿Es quizás porque carecen de pruebas para negarlo?

—"Nada hay más terrible que el celo sacerdotal de los incrédulos" (A. Machado, en Ollero Tassara, 2009).

—Sin embargo, "la gran mayoría de las personas no son ni ateas ni creyentes. No toman posición ni investigan. Sólo buscan los pequeños placeres del momento" (Martinetti, 1996: 292).

—Para otros pensadores, el paganismo "ha vuelto a surgir con fuerza tremenda, sobre todo entre la juventud y las gentes cultas, mejor dicho, medio cultas, y santifica la naturaleza en todas sus formas, los océanos, los ríos, las selvas tropicales, las tierras pantanosas, las tierras altas, los murciélagos, las garzas, los elefantes, las ballenas, los rinocerontes blancos y muchas otras especies, comunes y exóticas [...] Ahora son demasiado modernos y racionalistas, están demasiado al día para creer en el Dios de la tradición judeocristiana. Por ello adoptan, en su lugar, esta nueva forma de panteísmo" (Johnson, 1997: 119).

VI. EL MAL

—El argumento más frecuente contra Dios es el mal. Un Dios infinitamente bueno no permitiría el mal, dicen los críticos. Los males incluyen las calamidades naturales y las atrocidades cometidas por los seres humanos.

—"Y creó Dios al hombre a imagen suya, a imagen de Dios lo creó, y los creó macho y hembra" (Gén 1, 28). Entonces, ¿por qué somos normalmente y frecuentemente tan malos, tan arrogantes, tan necios...?; la causa, la hemos de buscar en la libertad de la que gozamos.

—Dios no nos creó como pequeños dioses, ni mucho menos; la gran mayoría de los humanos somos mucho peores y más débiles de lo que la "propaganda oficial" permite pensar.

—Surgido con la ayuda de la selección natural (cuanto más apto –fuerte, listo, inteligente, rápido, etc.–, más descendientes tendrá), ¿por qué habría de ser naturalmente y siempre bueno el ser humano? En sus genes lleva tendencias opuestas, con el fin de poder sobrevivir y reproducirse.

—Los males derivados de la naturaleza se deben a las propias leyes naturales, es decir, el modo en que el universo y la vida nacen, evolucionan y mueren.

—"El presupuesto falso del que conscientemente o inconscientemente se parte [...] es la posibilidad de un mundo sin mal [...] La razón es que la raíz última del mal [...] es la finitud. Lo finito es constitutivo de la creación [...] De otra manera Dios haría 'otro Dios' al darle todo a su criatura. Es decir, el universo sólo puede ser finito, todo lo finito es limitado e imperfecto, y todo lo imperfecto conlleva mal y sufrimiento [...] el mal no es un problema de Dios sino de la creación" (Lorca, 2006).

—"Dios no envía los infortunios: simplemente, deja que actúen las leyes naturales" (Martinetti, 1996: 120).

—Sin embargo, ¿qué abunda más en el universo, el bien o el mal? Son muy numerosos los que piensan que el mal es mucho más abundante.

—Los "triunfadores", en nuestras sociedades, son principalmente los más "pillos".

—Últimamente está muy de moda entre los "modernos" insinuar que toda la violencia existente en el mundo tiene su origen en los conflictos religiosos. Creo más bien que son las ideologías y concepciones totalitarias, sean o no religiosas, las que originan mayor violencia.

—Al Santo Oficio se le atribuyen muchas atrocidades, pero, por otra parte, los países que dispusieron de una Inquisición fuerte escaparon de las terribles guerras religiosas, entre católicos y reformados, porque las desviaciones fueron eliminadas apenas aparecían.

—"El holocausto, este acontecimiento de inusitada brutalidad humana, plantea el problema de Dios con una profundidad hasta ahora desconocida [...] ¿Es posible, después de Auschwitz, hablar de Dios como el todopoderoso, bueno y comprensible 'Señor de la historia'? [...] puesto que Dios lo es 'todo', la creación sólo es posible por [...] una autolimitación de Dios ya al principio del tiempo, para así otorgar al mundo una existencia autónoma [...] Abismal es sin duda el problema del sufrimiento, sobre todo, el no culpable, el de los inocentes [...] sin olvidar el trágico dolor causado por las ciegas catástrofes naturales" (Küng, 1993: 557-559).

—"Orígenes [n. c. 185- m. c. 254] uno de los teólogos más brillantes de la antigüedad [...] argumenta que el mal nace necesariamente de la generosidad de Dios al otorgar el libre albedrío a las criaturas humanas. Dios, en un acto de nobleza, permite que el hombre escoja entre el bien y el mal, y el mal debe existir para hacer que esta elección tenga sentido" (Johnson, 1997: 91).

—Los que creen en Dios, consideran que su voluntad no ha sido querer "un severo hospicio para unos eternos niños, sino un mundo habitado por hijos responsables. Libres, por tanto, de elegir entre el bien y el mal [...] El problema del mal no es otra cosa, en gran parte, que el problema de la libertad [...] El escándalo del universo no es el *sufrimiento* sino la *libertad*" (Messori y Brambilla, 2000: 201).

—"Dios, al haber hecho al hombre libre, a su semejanza, se ha condenado a un destino de sufrimiento. El mismo acto creador es un sacrificio, porque para dejar sitio al hombre y a su libertad, Dios se ha limitado y se ha restringido voluntariamente. Además, con su libertad, capaz tanto de aceptación como de rechazo, el hombre puede poner en duda a la Divinidad [...] En este sufrimiento consiste la limitación de la omnipotencia divina. El poder divino no es coercitivo, no es un poder que vaya a tener éxito infaliblemente; es persuasivo, dado que reconoce la libertad del hombre, y mientras le propone el bien está dispuesto a recibir el mal. No es que Dios 'permita' el mal, sino que propiamente lo padece: su poder no se ejerce sino como 'paciencia' [...]" (Martinetti, 1996: 98-99).

—"En cierto sentido, la criatura es más poderosa que Dios. Puede odiar a Dios y Dios, por su parte, no puede odiarla" (Weil, –n. 1909- m. 1943–, 2003: 68).

—"la debilidad de un Dios impotente ante las catástrofes de la Historia humana. ¿Para qué sirve entonces ese Dios? Para resistir lo que es inhumano e indigno en el hombre" (Bottéro y cols., 1998: 168).

—"Dios no es todopoderoso aquí abajo más que para salvar a aquellos que desean ser salvados por Él. Todo el resto de su poder lo ha abandonado al Príncipe de este mundo y a la materia inerte" (Weil, 2003: 42-43).

—"Porque existe Auschwitz, dice el incrédulo, la idea de Dios me resulta insoportable. Y el creyente [...] puede replicar: sólo porque existe Dios soy capaz de soportar la idea de Auschwitz" (Küng, 1993: 571).

—"Si Dios existe, también estaba en Auschwitz" (Ídem, pág. 566).

—Frente al mal: "Me basta con creer que ningún inocente que sufra aquí en la Tierra se quede sin una total y amplia recompensa en el cielo" (Johnson, 1997: 92).

—Ante el mal, la vida humana siempre tendrá más sentido para el creyente que para el que no lo es. El incrédulo se encuentra realmente ante una sórdida batalla que siempre terminará venciéndole y reduciéndole a la nada. El creyente tiene a Dios que escucha sus quejas, que le comprende, que le anima a seguir y que le recompensará.

—Antes de acusar a Dios, conviene recordar que todas las madres y los padres conocen la existencia del mal y saben que un hijo suyo podría caer en él o sufrirlo, sin embargo, por amor, deciden tenerlo.

—"El dolor sólo se explica con una meta gloriosa y ultraterrenal que alcanzar, y quien no lo admite así tiene que reconocer que la vida es absurda" (Martinetti, 1996: 116).

—"Una cosa ha demostrado el holocausto: cuando la modernidad [...] se entregó a una total secularización desvinculándose de todas las conexiones éticas y religiosas vino a parar en barbarie, ya se tratara de la Revolución francesa ('la Terreur'), de la revolución rusa ('Gulag') o de la toma del poder nacional socialista ('campos de concentración')" (Küng, 1993: 555).

—Otro ejemplo destacado, de lucha contra las ideas religiosas que se puede añadir, entre los muchos del siglo XX, es la tragedia de la guerra civil española (1936-1939), "en la que fueron asesinados más de 100.000 seglares católicos, 13 obispos, casi 7.000 sacerdotes y religiosas, además de 20.000 iglesias y conventos quemados, destrozados o profanados" (Fernández Aguilar, 2007).

—"Cuando el hombre pierde de vista a Dios fracasa la paz y predomina la violencia, con atrocidades antes impensables, como lo vemos hoy de manera sobradamente clara" (Ratzinger, 2007: 114).

—"Dios permite que el mal exista. Nosotros debemos hacer lo mismo con el mal que no tenemos posibilidad de destruir. Debemos permitir que el mal exista fuera de nosotros. Pero solamente fuera de nosotros. Es decir, fuera de nuestro poder" (Weil, 2003: 224).

—El mal también podría estar permitido con el fin de mantenernos despiertos y atentos.

—"además de las limitaciones que Dios se ha impuesto, Él acepta sufrir con el mundo y, esto, nos lo ha mostrado claramente con Jesús" (Marina, 2002: 138).

—"Jesús [...] se deja impresionar tan hondamente por el sufrimiento de los hombres que lo hace suyo; compadecerse del pobre y de quien sufre al estilo de Jesús significa padecer con él" (Riesco, 2001: 81).

—"Dios sería inferior a nosotros si en la persona de Cristo, no hubiera sido humillado" (Weil, 2003: 40).

—Vittorio Messori y Michele Brambilla, refiriéndose a la pasión y muerte de Jesús, comentan que "esta acumulación de toda clase de males sobre un solo hombre no podía ser casual. Todo esto encierra un claro mensaje para nosotros: el de que nadie, ni física ni moralmente, podrá sufrir mayores padecimientos. Así pues, nadie podrá acusar a *este* Dios de no saber en qué consiste el dolor" (Messori y Brambilla, 2000: 211).

—Con Jesús-Dios, Dios ha sufrido el mal; sólo con Jesús podemos comprender la existencia del mal. Nunca se podrá decir que Dios ha fabricado el mal sin participar de él (Guitton, 2005: 322).

VII. EL ABSURDO

—La alternativa existencial es la siguiente: "O bien se dice que no a una causa, sustento y meta últimos de todo el proceso evolutivo: en ese caso hay que aceptar lo absurdo de todo el proceso [...] O bien se dice que sí [...] a una causa, sustento y meta últimos" (Küng, 1994: 38).

—"¿Es preferible vivir bajo el régimen sin esperanza de la razón, o en el régimen esperanzado de la no-razón?" (Marina, 2002: 124).

—Si creemos que Dios no existe, nuestras esperanzas son vanas; a nuestra seguridad, a nuestro optimismo, tarde o temprano les puede llegar la decepción, el desencanto, la melancolía, la tristeza y la amargura.

—"Sin horizonte no se puede existir" (Trias, 2001: 541).

—"Quien sólo cree en la vida, que equivale a no creer en nada, no tiene casi nunca ocasiones de sonreír" (Meersch, 2004: 270).

—"Queramos o no, la ciencia nos ha colocado en una situación que consiste en vivir sin fundamentos" (Guillebaud, 2003: 334);

por esta razón es tan necesaria una "ideología de la felicidad" (Guillebaud) y que ésta provenga de medios únicamente materialistas (dinero, consumo, salud, belleza del cuerpo, juventud, comida, sexo, poder, etc.).

—"La equiparación hombre/ordenador, seguida por la reducción del ser vivo a una simple combinación molecular" (Guillebaud, 2003: 330) da lugar al antihumanismo teórico; se trata de que vivamos sin creencias ni convicciones y que los valores sean relativos. No olvidemos nunca que "El principio de humanidad existe porque nosotros queremos que sea así" (Guillebaud, 2003: 406).

—"de este modo, el desencanto moderno conduce a un nihilismo que en sí mismo suscita como respuesta la vuelta a la religión de los antiguos" (Morin, 2004: 62).

VIII. PEOR SIN DIOS

—"Conozco bien el programa del Iluminismo: sustituir la Religión por la Política, la devoción por la cultura, la Iglesia por el Estado, por la Nación, por el Partido. En todo ello, el intento principal consiste en centrar la atención de los hombres sobre el más acá para distraerlo del Más Allá. Los 'idealistas' del laicismo rechazan indignados las antiguas guerras de religión, sustituidas sin embargo a partir del siglo XVIII por las guerras de las nuevas religiones, las políticas. Y han sido todavía más despiadadas y sangrientas" (Messori y Tornielli, 2010: 94).

—"El humanismo-sin-Dios ha tenido con harta frecuencia consecuencias inhumanas, y en las terribles experiencias de nuestro siglo [el XX] –dos guerras mundiales, Gulag, Holocausto, bomba atómica– muchas veces ha resultado ser bien corto el camino que lleva del humanismo sin Dios a la bestialidad" (Küng, 1994: 20). En este contexto, tampoco es posible olvidar la guerra civil española (1936-39).

—"En lugar de la religión, ha sido la revolución, durante algún tiempo, el opio del pueblo: desde el Elba hasta Vladivostok, y también en Cuba, en Vietnam, en Camboya y en China" (Ídem, pág. 21).

—Si algo ha dejado claro el siglo XX es que creer en Dios "no es 'perjudicial'. Lo es, sin duda, intentar suprimir hasta la idea de Él" (Messori y Brambilla, 2000: 239). Esto ha quedado claramente demostrado con el nazismo y el comunismo.

—"No existe un sustituto de Dios: esto es lo que se ha demostrado en este siglo [el XX] plagado de hechos terribles. Pero no creo que la creencia en Dios pueda demostrarse como un teorema matemático" (Johnson, 1997: 50).

—"A quienes se quejan de que en Occidente haya prevalecido el cristianismo, les deseo un viaje hacia atrás, entre las 'dulzuras' de los cultos americanos anteriores a Colón" (Messori y Tornielli, 2010: 104).

—Si no hay Dios, ¿por qué reprimirse?, ¿por qué no ser un Nerón, un Hitler, un Stalin o un Raskólnikov cualquiera (de *Crimen y castigo*)?

—Si no hay Dios, ¿dónde encontrar esperanza?

IX. ¿SÓLAMENTE EL CONOCIMIENTO CIENTÍFICO?

—"Hemos vivido una modernidad estúpida por arrogante. Los modernos de todas las épocas, los del siglo XV o los del siglo XVIII o los del XX, han creído encontrarse en la cima de una montaña, en lo más alto del conocimiento, y han mirado con conmiseración las épocas precedentes. Como si los hombres de otros siglos fueran inocentes o cándidos o lelos, y los listos, quienes han hallado la verdad, fueran ellos. Nunca ha resultado esto tan patético como en los tiempos actuales, en los que la súper técnica parece traernos un conocimiento certero, profundo y total de cuanto nos rodea. Pero la única realidad es que todo se asienta en el misterio. Que por más instrumentos científicos que construyamos, por más telescopios gigantescos o kilométricos aceleradores de partículas, el misterio sigue estando ahí, espeso, impenetrable, turbio. Como un pozo sin fondo [...] Lo que la ciencia descubre se parece cada vez más a las viejas elucubraciones, a las leyendas ancestrales de los hombres que habitaron antes de la historia, a los mitos imperecederos, a los sueños arquetípicos [...] Volvemos a lo que dejamos. Por caminos diferentes, llegamos al lugar de donde partimos [...] La razón es una islita en un vasto océano de misterio" (Morales, 2008).

—"La cosmología y la astrofísica proponen modelos para el nacimiento de nuestro universo de una amplitud escénica y de una fuerza especulativa mucho más cercanos a los mitos de la creación antiguos o 'primitivos' que al positivismo mecanicista" (Steiner, 2002: 16-17).

—Los científicos persiguen completar la 'teoría M', que respondería a todas las preguntas que pudiéramos imaginar –¡Qué arrogantes!–. "M de madre", "madre de las cuerdas", "M de matriz"; pero también "M de *madness* (locura)", para los escépticos.

—Pensar que no hay nada antes del Big Bang, que esto es la causa primera, es concebir el universo con atributos divinos.

—Para evitar el argumento de una causa primera, ha resurgido la refutada teoría de la generación espontánea: el proceso de la creación sería espontáneo en un universo finito. Ello equivale a decir que la nada puede dar algo.

—"Todo 'incrédulo' será siempre prisionero de sus jaulas ideológicas; de la necesidad, vital para él, de negar; del ansia de encontrar como sea explicaciones naturales que le tranquilicen" (Messori y Tornielli, 2010: 242-243). El creyente debe estar libre de estas "jaulas ideológicas", y estar abierto tanto a lo natural como a lo sobrenatural.

—La incredulidad es una declaración de absoluta seguridad, lo cual no es nada científico. El ateísmo militante se ha convertido en religión, y tiene sus propios fanáticos.

—"Los científicos creen en la ciencia como la mayor parte de los católicos en la Iglesia" (Weil, 2003: 77).

—El dogmatismo y la prepotencia de la ciencia recuerdan las religiones de hace cuatro o cinco siglos.

—Sin embargo, "ningún científico ha podido demostrar, hasta ahora, la inexistencia de Dios" (Binnig –premio Nobel de Física en 1986–, 1996: 210).

—"Inmediatamente después de ser fundada, [la Unión Soviética] creó en San Petersburgo [...] el gran Instituto para el Ateísmo Científico, con millares de empleados y centenares de profesores universitarios contratados. Durante setenta años trabajaron a destajo para demostrar la incompatibilidad entre ciencia y religión", pero no lo consiguieron (Messori y Tornielli, 2010: 246).

—Los ateos y agnósticos consideran que los creyentes deben demostrar la existencia de Dios, pero son los incrédulos –que muy recientemente en la historia humana han rechazado a Dios– los que deberían demostrar la inexistencia de Dios.

—"Una vez que la ciencia acabe de liberarnos de la ideología, ella misma se constituye en ideología" (Guillebaud, 2003: 348), y para muchos, se erige en religión, con sus dogmas y sus supremos sacerdotes.

—Cabía esperar que surgiera una reflexión racionalista en torno a la ciencia, o un nuevo tipo de santidad laica, etc., era necesario que la sabiduría laica, el ideal racionalista, el ateísmo humanitario tuvieran tiempo y oportunidad de hacer nacer algo nuevo; ha pasado el tiempo, pero no ha surgido nada que responda a las eternas preguntas del ser humano (Guitton, 2005: 325-326).

—"¿Puede, podría el ateísmo suscitar una filosofía, una literatura, una música o un arte de envergadura?" (Steiner, 2002: 339).

—Digan lo que digan los científicos, "La inteligencia humana seguirá preguntándose por las cuestiones que la ciencia ha decretado ilícitas o sin respuesta" (Ídem, pág. 339).

—La victoria de la ciencia "ha sido la victoria de la eficacia, no de la sabiduría" (Marina, 2002: 216).

—"La ciencia no agota el conocimiento de la realidad y mucho menos lo que el ser humano no ha imaginado todavía" (Ídem, pág. 141).

—Es una vez más Blaise Pascal el que dijo: "La última etapa de la razón es reconocer que hay una infinidad de cosas que la superan" (Messori y Brambilla, 2000: 45).

—"Para Pascal existen 'dos excesos: el de excluir la razón y el de admitir únicamente la razón' [...] Xavier Zubiri [1898-1983] señala [...] que si una filosofía o una visión del mundo es capaz de dar sentido a la vida humana, de alguna manera ya da prueba, por este mero hecho, de que es objetivamente verdadera" (Martinetti, 1996: 24).

—"La única ciencia [la teología, la metafísica] que va contra el sentido común y la naturaleza de los hombres es la única que ha subsistido siempre entre los hombres" (Pascal, 1996: 131, # 425).

—Dios se nos muestra gratuitamente en este mundo cuando menos lo esperamos..., en momentos fugaces en los que la razón no está actuando. Dios puede estar en una mirada, en una sonrisa, en el canto de un pájaro, pero no se le puede alcanzar con una fórmula matemática.

—El creador habla a través de su creación (Messori y Tornielli, 2010: 282).

—"La voz de Dios es como las retransmisiones de una emisora de radio: las percibimos si sintonizamos su frecuencia de onda" (Martinetti, 1996: 259).

—Conviene recordarles a los científicos que "la selección natural construyó la mente para sobrevivir en el mundo y sólo incidentalmente para comprenderlo con una hondura mayor que la necesaria para sobrevivir" (Wilson, 1999: 91).

—Todas las religiones se basan en el testimonio de los testigos, de apóstoles, de predicadores, y "creer en el testimonio, en el fondo, es creer en la experiencia de otro" (Guitton, 2005: 153).

—La creencia en la existencia de Dios es "un acto de confianza razonable que, si no tiene pruebas rigurosas, sí dispone de buenas razones [...] La fe del hombre en Dios no es, por tanto, ni una demostración racional ni un sentir irracional ni un acto de decisión de la voluntad, sino una confianza fundada y, en ese sentido, razonable" (Küng, 1994: 17-18).

X. LA INTUICIÓN Y DIOS

—"A pesar del respeto que me merecen las ironías de los cosmólogos que, como Stephen Hawking, aluden a la inexistente 'mente de Dios', algo en las raíces más profundas de nuestra conciencia y de nuestro lenguaje sigue preguntando: '¿Qué pasaba una hora antes del *Big Bang*?', y a partir de esta pregunta 'ilegítima' o infantil [...] se despliega el artificio irresistible de un primer creador, de un primer *fiat*" (Steiner, 2002: 23).

—La existencia de Dios sólo podría demostrarse por la experiencia, pero existen: la experiencia de los sentidos, la experiencia de la mente, la del corazón, la de las emociones...

—John Henry Newman (1801- 1890) dijo en una ocasión: "Racionalizar en asuntos de Revelación es hacer de nuestra razón el estándar y la medida de las doctrinas reveladas: establecer que las doctrinas deben ser tales que lleven consigo su propia justificación; [y] rechazarlas, si chocan con nuestras opiniones existentes o hábitos de pensamiento o si difícilmente armonizan con nuestro inventario del conocimiento existente" (Ker, 2010: 138).

—"¿Cuándo, pues, encuentra el alma la verdad? Porque cuando la busca con el cuerpo vemos claramente que éste la engaña e induce a error [...] De la justicia, por ejemplo, ¿diremos que es algo o que es nada? Diremos seguramente que es algo. ¿No diremos también lo mismo de lo bueno y lo bello? Sin duda. Pero, ¿los has visto alguna vez con tus propios ojos? Nunca" (Platón – n. 427-m. 347 a. C.–, 1962: 21).

—"Las cosas que el corazón busca, las consigue mejor si no está influido por los sentidos, de manera que no hay nada tan cierto como el dicho vulgar de que el cuerpo jamás conduce a la sabiduría" (Ídem, pág. 22).

—"Entonces son cosas [las visibles] que puedes ver, tocar y percibir por cualquier sentido; en cambio, las primeras [las inmateriales], las que siempre son las mismas, no pueden ser percibidas más que por el pensamiento, porque son inmateriales y nunca se las ve" (Ídem, pág. 36).

—"Conocemos la verdad no solamente por la razón, sino también por el corazón" (Pascal, 1996: 48, # 110).

—"Es el corazón el que siente a Dios y no la razón. He ahí lo que es la fe. Dios sensible al corazón, no a la razón" (Ídem, pág. 131, # 424).

—"Adiós –dijo el zorro –. He aquí mi secreto. Es muy simple: no se ve bien sino con el corazón. Lo esencial es invisible a los ojos" (Saint-Exupéry –n. 1900-m. 1944–, 1991: 87).

—"A Dios se le puede ver con el corazón: la simple razón no basta. Para que el hombre sea capaz de percibir a Dios han de estar en armonía todas las fuerzas de su existencia" (Ratzinger, 2007: 121).

—Para Adolf Reinach (1883-1917), "la experiencia interior de Dios es un conocimiento genuino" (MacIntyre, 2008: 261).

—Por su parte, Henri Bergson (1859-1941) opinaba: "el espíritu desborda el cerebro por todas partes, y que la actividad cerebral sólo responde a una ínfima parte de la actividad mental" (Bergson, 1982: 66).

—Y Simone Weil decía: "Es en el fondo de mi miseria donde toco a Dios" (Weil, 2003: 27).

—"Hay tres misterios en este mundo, tres cosas incomprensibles. La belleza, la justicia y la verdad" (Ídem, pág. 216), ¿existen o son fruto de nuestra imaginación? Lo mismo puede decirse de Dios.

—Edith Stein (1891-1942), que murió en Auschwitz y fue canonizada en 1998, afirmaba que "la fe permite el acceso a verdades que no podemos alcanzar por otras vías" (MacIntyre, 2008: 303).

—La grandeza, la majestuosidad, el esplendor del universo que podemos contemplar a simple vista es suficiente para poder intuir a un Ser infinito, Dios; también la belleza de la naturaleza, la mirada de un niño e, incluso, la de un perro o el canto de un pájaro nos pueden llevar a la intuición de un Ser absoluto, Dios.

—"puedo considerar real algo que aparezca en mi conciencia de alguna manera: percibido, imaginado, sospechado" (Marina, 2002: 62).

—La religión, la fe en Dios "Consiste en ser atrapado por una preocupación última" (Ídem, pág. 273).

—La fe religiosa "deriva de la confianza de fondo en que la vida humana tiene sentido, es decir, en que a la necesidad y a la aspiración natural de todo ser humano hacia la justicia y el amor perfecto, hacia la verdad y la belleza total, hacia la paz y la felicidad estable, les corresponde una Realidad. Una Realidad alcanzable para todos los hombres de buena voluntad, no sólo por los afortunados" (Martinetti, 1996: 32).

—"La fe es *libre* dado que no existen pruebas absolutas, sino solamente signos e indicios para la razón e intuiciones para el espíritu [...] Por último, la fe es *razonable* porque el acto de fe es una actividad eminentemente digna de la inteligencia humana" (Ídem, pág. 211).

—Para J. H. Newman, "La fe es un acto de la razón, a saber, un razonamiento sobre las suposiciones" (Ker, 2010: 278).

—"El Amor conoce por intuición ya antes de conocer claramente con la razón. ¿Quién ha dicho que el Amor es ciego? Es el único que ve con claridad donde los demás no ven nada. La que es ciega es la pasión" (Martinetti, 1996: 293).

—"La intuición consiste en una valoración global de las cosas sin analizar conscientemente los aspectos de éstas de uno en uno, y además, como señala Pascal, descubre verdades también en el campo matemático y científico, adelantándose a la razón e indicando el camino para consolidar esos descubrimientos" (Ídem, pág. 22).

XI. LA CIENCIA Y EL UNIVERSO

—"Hace diez mil o veinte mil millones de años, sucedió algo, la Gran Explosión (big bang), el acontecimiento que inició nuestro universo. Por qué sucedió esto es el misterio mayor que conocemos. Lo que está razonablemente claro es que sucedió. Toda la materia y la energía presentes actualmente en el universo estaban concentradas con una densidad muy elevada –una especie de huevo cósmico, que recuerda los mitos de la creación de muchas culturas– quizás en un punto matemático sin ninguna dimensión. No es que toda la materia y la energía del universo estuvieran apretadas en un pequeño rincón del universo actual, sino que el universo entero, materia y energía y el espacio que llenan, ocupaba un volumen muy pequeño [...] El universo inició con aquella titánica explosión cósmica una expansión que ya no ha cesado" (Sagan –n. 1934-m. 1996–, 1982: 246).

—"Dado que las matemáticas no pueden manejar realmente números infinitos, esto significa que la teoría de la relatividad general (en las que se basan las soluciones de Friedmann) predice que hay un punto en el universo en donde la teoría en sí colapsa, tal punto es un ejemplo de lo que los matemáticos llaman una singularidad" (Hawking, 1989: 84). El Big Bang es la más famosa de estas singularidades, y en ella las matemáticas y la filosofía se encuentran. El Big *Crunch* es la singularidad en el final de la historia del universo (Ídem, pág. 291).

—En una de las teorías, el universo "se expande indefinidamente, huyendo las galaxias unas de otras hasta que la última desaparezca más allá del horizonte cósmico. Entonces [...] las estrellas se enfrían y mueren, la misma materia degenera y el universo se convierte en una niebla fina y fría de partículas elementales. En [...] otra el universo es oscilante, el Cosmos carece de principio y fin, y estamos en medio de un ciclo infinito de muertes [contracciones] y renacimientos cósmicos" (Sagan, 1982: 259). En una tercera, el universo tiene principio y fin, se expandirá hasta que se vaya frenando y empiece su contracción que terminará con su colapso total, el Big Crunch.

—"A los astrónomos, cuando discuten la estructura a gran escala del Cosmos, les gusta decir que el espacio es curvo, o que el Cosmos carece de centro, o que el universo es finito pero ilimitado" (Ídem, pág. 262).

—Discutir la forma del universo es ya reconocer que es finito; a un universo infinito no se le podría nunca definir la forma (curvado de tal o cual modo, plano, etc.).

—"Cuando se haya completado el repertorio cósmico y se haya sumado toda la masa de todas las galaxias, quasars, agujeros negros, hidrógeno intergaláctico, ondas gravitatorias y habitantes todavía más exóticos del espacio, sabremos el tipo de universo que habitamos" (Ídem, pág. 262).

—Según los no creyentes, el universo está autocontenido y todo se deriva de él; para los creyentes, en cambio, la dependencia está en relación con el Ser absoluto.

—"el espacio no es un concepto absoluto [...] ¡la teoría de la relatividad acabó [también] con la idea de un tiempo absoluto!" (Hawking, 1989: 48). Platón (1963: 106, # 38b) y san Agustín (n. 354-m. 430, en S. W. Hawking, ídem, pág. 29) ya habían intuido que el tiempo era una propiedad del universo.

—Es evidente que "A mucha gente no le gusta la idea de que el tiempo tenga un principio, probablemente porque suena a intervención divina" (Ídem, pág. 85), y todo lo que tiene un principio suele tener un final.

—A la cuestión de qué había antes del Big Bang, los científicos contestan que la pregunta no tiene sentido puesto que el tiempo se inició con el Big Bang. Del mismo modo, si uno pregunta dónde está situado o contenido el universo, la respuesta será que el espacio tuvo su origen con el Big Bang, o bien que la pregunta es absurda ya que el universo es infinito (para los que así lo conciben). Teniendo en cuenta estas contestaciones, ¿cómo se atreven los no creyentes a formular la absurda pregunta de quién creó la Causa Primera?

—A muchos científicos les desagrada la teoría del Big Bang a secas, tampoco les gusta la idea de un universo finito, prefieren *creer* en una serie eterna de expansiones y contracciones. Eso es porque, de hecho, estos científicos le atribuyen atributos divinos, como eterno, infinito; en otras palabras, quieren concebir el universo como un absoluto. Pero en este punto del razonamiento, la ciencia ha pasado a ser filosofía...

—A los que eligen el modelo de un universo infinito basándose en la mecánica cuántica, es necesario recordarles lo que el mismo Stephen W. Hawking nos dice: "En general, la mecánica cuántica no predice un único resultado de cada observación. En su lugar, predice cierto número de resultados posibles y nos da las posibilidades de cada uno de ellos [...] Así pues, la mecánica cuántica introduce un elemento inevitable de incapacidad de predicción, una aleatoriedad en la ciencia" (Ídem, pág. 98). Por lo tanto, por un lado los científicos buscan leyes que expliquen los fenómenos que parecen aleatorios y, por otro, introducen el azar y las probabilidades en sus modelos explicativos...

—Si se cree en la Causa Primera, el azar deja de ser una "explicación" en un gran número de fenómenos. Por el contrario, los no creyentes persiguen encontrar un absoluto material, que tenga una explicación científica y haga innecesario a Dios; en este caso, el azar y el tiempo desempeñan, forzosamente, papeles muy importantes.

—"La probabilidad *a priori* de que se produzca un acontecimiento particular entre los acontecimientos posibles en el universo, está próxima a cero. No obstante el universo existe; es preciso que se produzcan en él eventos particulares, cuya probabilidad *a priori* era ínfima" (Monod, –n. 1910- m. 1976, premio Nobel en 1965–, 2000: 148-149).

—"A sir John Eccles [(1903-1997)], premio Nobel [1963] por sus estudios sobre el más potente e inexplicable de los ordenadores –el cerebro humano–, le gustaba repetir este ejemplo: 'Un almacén de un kilómetro de longitud y repleto hasta el techo de restos de aviones, un ciclón que durante cien mil o cien millones de años hace que rueden y se desperdiguen esos restos; y cuando se calma el viento, donde estaba aquel depósito hay una serie de cuatrimotores con sus hélices dando vueltas. Éstas son las probabilidades que yo, como científico, le doy a la 'casualidad'... Asimismo un grupo de biólogos ha cuantificado por medio de un ordenador la posibilidad de obtener por 'evolución no guiada desde el exterior' las más de dos mil enzimas necesarias para el funcionamiento de nuestro cuerpo, con el resultado de una probabilidad similar a la de obtener siempre como resultado doce al efectuar cincuenta mil tiradas con un par de dados (y sin fallar ni una vez)" (Messori y Brambilla, 2000: 273).

—"¿Todo es, pues, casualidad?, ¿y por eso no existe la necesidad de un creador y conservador de ese edificio, como pensaba Jacques Monod? El biofísico alemán Manfred Eigen, también Premio Nobel [en 1967] formuló la tesis contraria, compartida hoy en gran medida por los biólogos, en su libro *El juego* (1975), que lleva el subtítulo 'Las leyes naturales dirigen el azar'. ¿Así que Dios juega a los dados? Ciertamente –responde, enlazando con Eigen, el biólogo de Viena Rupert Riedl [(1925-2005)]–, pero siguiendo sus reglas de juego" (Küng, 1994: 36).

—"como explica el premio Nobel de Medicina de 1967, George Wald [(1906-1997)]: 'La disolución espontánea es mucho más probable que la síntesis espontánea, y por tanto procede más deprisa' [...] Albert Einstein, que también tenía en cuenta los miles de millones de años [...] afirmaba: 'Cualquiera que tome parte en la investigación de la ciencia no puede sino convencerse de que un Espíritu se manifiesta en lo que nosotros llamamos las leyes de la naturaleza' [...] y el gran Max Planck [(1858-1947)] añade [...] nuestra naturaleza intelectual tendente a una concepción unitaria del mundo la exige: la ordenación del mundo de la ciencia y el Dios de las religiones" (Martinetti, 1996: 54-55).

—"Andréi Sajárov [(1921-1989)], físico de fama mundial, premio Nobel 1975 [...] 'No puedo imaginar el universo y la vida humana sin un principio que les dé sentido, sin una fuente de 'calor' espiritual que se encuentre más allá de la materia y de sus leyes. Creo que este sentimiento puede definirse religioso...' [...] El físico atómico y filósofo Friedrich von Weizsäcker [(1912-2007)] escribe que [los filósofos] 'Custodian un conocimiento de la naturaleza del hombre que tiene raíces más profundas que la racionalidad de la era moderna' [...]" (Ídem, pág. 66).

—Para concluir, resulta evidente que la ciencia no ha conseguido eliminar a Dios.

XII. ALGUNOS ARGUMENTOS ALENTADORES

—La vida después de la muerte es ¿una esperanza, una consolación o la intuición de algo real? "Las sepulturas neandertales y las de toda la prehistoria de los *sapiens* parecen negar la muerte, puesto que el muerto va acompañado por sus armas y alimentos, y, en ciertas tumbas, está dispuesto en posición fetal, como si tuviera que renacer" (Morin, 2004: 49).

—Más de dos tercios de los seres humanos son creyentes de alguna religión, no es una cifra desdeñable, ¿son todos ellos débiles mentales?

—Podría decirse que es a los no creyentes a quienes les corresponde demostrar que Dios no existe teniendo en cuenta que la creencia en lo divino, en lo sobrenatural data de tiempos inmemoriales. Hace más de cien mil años que los seres humanos creen en la vida después de la muerte, las ofrendas presentes en las sepulturas (alimentos y útiles) lo demuestran.

—"Si pienso a Dios como el ser dotado de todas las perfecciones, tengo que pensarlo como existente" (Marina, 2002: 143-144).

—Veamos el famoso argumento de san Anselmo de Aosta: "Si Dios existe, es el Ser del que nada mayor y más perfecto puede ser pensado. El concepto de un Ser semejante está en nuestra mente, pero debe también existir en la realidad. Porque, de otra manera, sería posible suponer la existencia de un Ser mayor y más perfecto" (Messori y Brambilla, 2000: 143).

—Albert Einstein (1879-1955) dijo en una ocasión: "la increíble complejidad del universo remite directamente a un Dios, y no a un infinito juego de dados que, antes o después, lleve infaliblemente a la solución correcta" (Messori y Brambilla, 2000: 293).

—"Lo único que constituye legítimamente una prueba es que tengamos la noción y la necesidad extraña, absurda, de una causa primera" (Weil, 2003: 35) Todos los pueblos, en todos los tiempos, han tenido esta noción y esta necesidad.

—¿De dónde vino "ese 'algo' que podía evolucionar"? (Messori y Tornielli, 2010: 280).

—"necesariamente ha de haber algo que se genere y algo a partir de lo cual se genere lo anterior, y el último término ha de ser ingenerado" (Aristóteles –n. 384-m. 322 a. C.–, 2008: 98, # 999b).

—"El Principio, es decir, el primero de los seres, es inmóvil, tanto esencialmente como por accidente, y es el motor del movimiento primero, eterno y único" (Ídem, pág. 376, # 1073a).

—“hay algo que es motor primero y algo que es movido, y hay además algo en lo que se da el movimiento, que es el tiempo, y un origen y un término” (Ídem, pág. 352, # 1067b).

—“Pues nada se mueve al azar, siempre existe una explicación” (Ídem, pág. 370, # 1071b).

—“La fe tomista y cartesiana consideraron como prueba de la presencia de Dios el simple hecho de que dispongamos de una noción de infinito” (Steiner, 2002: 23).

—Si Dios no fuera una realidad, el ser humano no habría podido imaginarlo.

—“una cosa es posible, luego existe” (Pascal, 1996: 221, # 734), “pues si nunca hubiese habido nada de esto, es como imposible que los hombres se lo hubiesen imaginado” (Pascal, 1996: 222, # 735).

—“François-Marie Arouet (1694-1778), conocido [...] como Voltaire [gran enemigo de las supersticiones y de los fanatismos], es, en definitiva, el autor de cuatro famosos versos [...] el universo me turba / y no puedo imaginar / que exista este reloj / y no exista el relojero” (Messori y Brambilla, 2000: 272).

—“Roger Penrose y yo [S. W. Hawking] mostramos como la teoría de la relatividad general de Einstein implicaba que el universo debía tener un principio y, posiblemente, un final" (Hawking, 1989: 65).

—"Cuando se combina la relatividad general con el principio de incertidumbre de la mecánica cuántica, es posible que ambos, espacio y tiempo, sean finitos" (Ídem, pág. 82).

—El hecho de que la mayoría de los científicos piensen que el universo tuvo un principio en el Big Bang y que tendrá un final en el Big Crunch se amolda bastante bien a los "relatos de la creación".

—"Si el modelo del *big bang* caliente fuese correcto desde el principio del tiempo, el estado inicial del universo tendría que haber sido elegido verdaderamente con mucho cuidado. Sería muy difícil explicar por qué el universo debería haber comenzado justamente de esa manera, excepto si lo consideramos como el acto de un Dios que pretendiese crear seres como nosotros" (Ídem, pág. 199).

—Los no creyentes no pueden contestar a la pregunta de qué es lo que había antes del Big Bang y consideran que ésta es una cuestión estúpida. Si fuera una estupidez preguntar qué había un instante antes del Big Bang, también debería ser considerada una gran tontería interrogarse acerca de quién creó la Causa Primera.

—"¿Qué había antes del Big Bang? Más exactamente: ¿Cuál fue la condición que hizo posible el Big Bang: de energía y materia, de espacio y tiempo? Aquí, evidentemente, la pregunta cosmológica se convierte en pregunta teológica [...] pasando a ser, también para el cosmólogo, la pregunta decisiva" (Küng, 1994: 28).

—"En el primer tipo de modelo de Friedmann, el [universo] que se expande primero y luego se colapsa, el espacio está curvado sobre sí mismo, al igual que la superficie de la Tierra. Es, por lo tanto, finito en extensión" (Hawking, 1989: 82).

—"La creencia parece haber descubierto un conjunto de leyes que, dentro de los límites establecidos por el principio de incertidumbre, nos dicen cómo evolucionará el universo en el tiempo si conocemos su estado en un momento cualquiera. Estas leyes pueden haber sido dictadas originalmente por Dios" (Ídem, pág. 193).

—Para los creyentes, es difícil que el universo pueda ser infinito, porque todas las partes que podemos considerar en él son finitas. Sólo Dios es infinito.

—"Para nuestra comprensión del mundo y para nuestra propia autocomprensión (también desde el punto de vista teológico), no tiene escasa importancia el hecho de que (desde una perspectiva científica) nuestro universo esté posiblemente limitado en el espacio y en el tiempo, ello confirma la evidencia de la limitación de todo lo que existe. Pero también es válido, a la inversa, lo siguiente: si el mundo fuese infinito tampoco podría poner límites al Dios infinito [...] Es decir, la fe en Dios es compatible con distintos modelos del universo" (Küng, 1994: 29).

—"Ni siquiera un universo infinito en espacio y tiempo [...] podría limitar la infinitud de Dios" (Küng, 1993: 560).

—O el universo es lo infinito, lo absoluto, y es autocontenido, o tiene que estar situado en alguna parte. ¿Cómo podemos contemplar el universo y no preguntarnos dónde está situado?

—Platón opinaba que "existe el ser absoluto, el lugar en que nace o es engendrado el ser relativo y lo que nace" (Platón, 1963: 135, # 52d).

—Son numerosas las expresiones que Platón empleó para designar el *lugar*: "Aquello en que las cosas aparecen", "aquello sobre lo que se manifiestan", "el receptáculo", "la matriz", "la madre", "la nodriza" (Ídem, pág. 36).

—"Por otra parte, el cuerpo sensible se halla en un lugar determinado, y éste es el mismo para el todo universal y para la parte" (Aristóteles, 2008: 350, # 1067a). En mi opinión, este tema del *lugar* es el mismo que el anteriormente mencionado por Platón.

—Si el universo ocupa un *lugar*, ¿dónde puede estar situado este lugar?, y, ¿qué lo contiene o lo abarca?

—Es el momento de recordar la siguiente "intuición" de santa Teresa de Jesús (1515-1582): "Hagamos ahora cuenta que es Dios como una morada u palacio muy grande y hermoso, y que este palacio [...] es el mismo Dios" (Santa Teresa, 2004: 159).

—El universo, "limitado espacial y temporalmente" (Küng, 1994: 223), "se halla, seguro y protegido, en Dios" (Ídem, pág. 224).

—Estas intuiciones me parecen mucho más creíbles que la idea de un universo autocontenido, es decir, que se contiene a sí mismo, y que sería lo absoluto.

—Del mismo modo se puede pensar que la "partícula" que originó el Big Bang, tan pequeña y densa como fuera, y aunque careciera de dimensiones, no era la nada –pues la nada no puede dar lugar a algo–, tuvo que ocupar un volumen, un espacio, quizás carente de dimensiones, pero un *lugar* al fin y al cabo. ¿Dónde podría situarse este lugar? Una respuesta podría ser la de santa Teresa: estamos en las entrañas de Dios, Él le habría hecho un sitio al universo. Dios sería el *continente* primero. En este caso tendríamos: el Absoluto, el lugar que ocupa el universo y el universo con todo lo "creado" (que es lo relativo), tal como lo imaginó Platón.

—El planeta Tierra nos contiene, el sistema solar contiene la Tierra..., el universo contiene las muchísimas galaxias, Dios contendría el universo. El lugar del universo estaría en Dios, que sería el Continente Primero, del mismo modo que es la Causa Primera.

—Siguen existiendo, sin embargo, dos interpretaciones: a) un universo sin Dios y que lo es todo, en el que el Big Bang es la causa primera, y b), un universo cuya causa primera es Dios. Según estas dos concepciones, continúa siendo válida la apuesta de Blaise Pascal: ¿existe Dios sí o no?, con un 50% de probabilidades para la respuesta afirmativa y otro 50% para la negativa. Con estos porcentajes vale la pena apostar por la existencia de Dios, nos dice Pascal.

—"Dios existe o no existe; pero, ¿de qué lado nos inclinaremos? La razón nada puede determinar ahí [...] ¿Qué apostáis? [...] ¿Por cuál os decidiréis, por tanto? [...] Pesemos la ganancia y la pérdida apostando cruz a que Dios existe. Tengamos en cuenta estos dos casos: si ganáis, ganáis todo, y si perdéis, no perdéis nada: apostad, pues, a que Él existe, sin vacilar" (Pascal, 1996: 128, # 418).

—¡Pensad en ello!

BIBLIOGRAFÍA

ALAS "CLARÍN", L. (1999) La Regenta (t. II). Barcelona: Edicomunicación.

ARISTÓTELES (2008) Metafísica. Madrid: Alianza.

BERGSON, H. (1982) La energía espiritual. Madrid: Espasa Calpe.

BINNIG, G. (1996) Desde la nada. Barcelona. Galaxia Gutenberg/ Círculo de Lectores.

BOTTÉRO, J., OUAKNIN, M.-A. y MOINGT, J. (1998) La historia más bella de Dios. Barcelona: Círculo de Lectores.

CONSTAND, B. (1985) Adolfo. Barcelona: Planeta.

FERNÁNDEZ AGUILAR, J. F. (2007) Beatificación de mártires. *Ideal*, Granada, 19/10/07.

GUILLEBAUD, J.-C. (2003) El principio de humanidad. Barcelona: Círculo de Lectores.

GUITTON, J. (2005) Jesucristo. Barcelona: Belacqva.

HAWKING, S. W. (1989) Historia del tiempo. Barcelona: Círculo de Lectores.

JOHNSON, P. (1997) La búsqueda de Dios. Barcelona: Planeta.

KER, I. (2010) John Henry Newman. Una biografía. Madrid: Ediciones Palabra.

KÜNG, H. (1993) El judaísmo. Madrid: Trotta.

KÜNG, H. (1994) Credo. Barcelona: Círculo de Lectores.

LORCA, F. (2006) Desenmascarar a Epicuro. *Ideal*, Granada, 30/06/06.

MacINTYRE, A. (2008) Edith Stein. Granada: Nuevo Inicio.

MARINA J. A. (2002) Dictamen sobre Dios. Barcelona: Círculo de Lectores.

MARTINETTI, G. (1996) Por qué creo en Dios. Madrid: Espasa Calpe.

MEERSCH, M. van der (2004) Cuerpos y almas. Madrid: Santillana.

MESSORI, V. y BRAMBILLA, M. (2000) Algunas razones para creer. Barcelona: Planeta.

MESSORI, V. y TORNIELLI, A. (2010) Por qué creo. Madrid: Libros Libres.
MONOD, J. (2000) El azar y la necesidad. Barcelona: Tusquets.
MORALES, G. (2008) Misterio. *Ideal*, Granada, 07/11/08.
MORIN, E. (2004) La identidad humana. Barcelona: Círculo de Lectores.
OLLERO TASSARA, A. (2009) Jerusalén. *Ideal*, Granada, 04/09/09.
PASCAL, B. (1996) Pensamientos. Madrid: Alianza.
PLATÓN (1962) Diálogos: Fedón, o de la inmortalidad del alma, El banquete, o del amor, Gorgias, o de la retórica. Buenos Aires: Espasa Calpe.
PLATÓN (1963) Timeo. Madrid, Buenos Aires, México: Aguilar.
RATZINGER, J. (2007) Jesús de Nazaret. Madrid: La Esfera de los Libros.
RATZINGER, J. y FLORES d'ARCAIS, P (2008) ¿Dios existe? Madrid: Espasa Calpe.
RIESCO, V. A. (2001) San Juan de Dios: Profeta del Dios de la misericordia. Aproximación al Santo en nueve tiempos. Granada: Hermanos de San Juan de Dios.
SAGAN, C. (1982) Cosmos. Barcelona: Planeta.
SAGRADA BIBLIA (1965) Madrid: B.A.C.
SAINT-EXUPÉRY, A. de (1991) El principito. Madrid: Alianza.
SANTA TERESA DE JESÚS (2004) Las moradas o Castillo interior. Madrid: Edimat Libros.
STEINER, G. (2002) Gramáticas de la creación. Barcelona: Círculo de Lectores.
TRIAS, E. (2001) La edad del espíritu. Barcelona: Círculo de Lectores.
WEIL, S. (2003) El conocimiento sobrenatural. Madrid: Trotta.
WILSON, E. O. (1999) Consilience: la unidad del conocimiento. Barcelona: Galaxia de Gutenberg/ Círculo de Lectores.

www.ingramcontent.com/pod-product-compliance
Ingram Content Group UK Ltd.
Pitfield, Milton Keynes, MK11 3LW, UK
UKHW050613260726
13967UKWH00008B/2849